I N THE LATE 19th century, Carl Hrachowına (1845–1896) taught at the Arts and Crafts School in Vienna. He selected and published a series of study aids for craftsmen and artisans. This is the first in his series.

Johann Theodor de Bry (1561–1623) designed the intricate set of capitals in *Neiw Kunstliches Alphabet*, which was first published in Frankfurt am Main in 1595. He is best known for engravings in books about early colonies in the Americas and European voyages to Asia.

Model Sheets

Johann Theodor de Bry's

for Arts

Neiw Kunstliches

and Crafts

Alphabet, 1595

OPERINA

This book is a reprint of K. K. Österr. Museum für Kunst und Industrie / *Vorlagen für das Kunstgewerbe* / herausgegeben von Carl Hrachowina / I. Band / Künstliches Alphabet von J. Th. de Bry / Wien, Verlag von Carl Graesser / MDCCCLXXXVI.

That, in turn, drew on *Neiw Kunstliches Alphabet* / gezirt mit schönen Figurn, deren lede sich auff seinem Buchstaben accommodirt, artlich in Kupffergestochen, durch die Brye, Auch mit Lateinischen Versen vnd teutschen Reimen lustig beschrieben. / FR. ad MOc. Ao. M.D.XCV.

It is reproduced here in 88.4% of original size.

ISBN 978 1 934227 07 7 Hardcover
ISBN 978 1 934227 08 4 Paperback
ISBN 978 1 934227 09 1 Digital

PUBLISHED BY
Operina LLC
<operina.com> operina@gmail.com

Printed and bound in the United States of America.

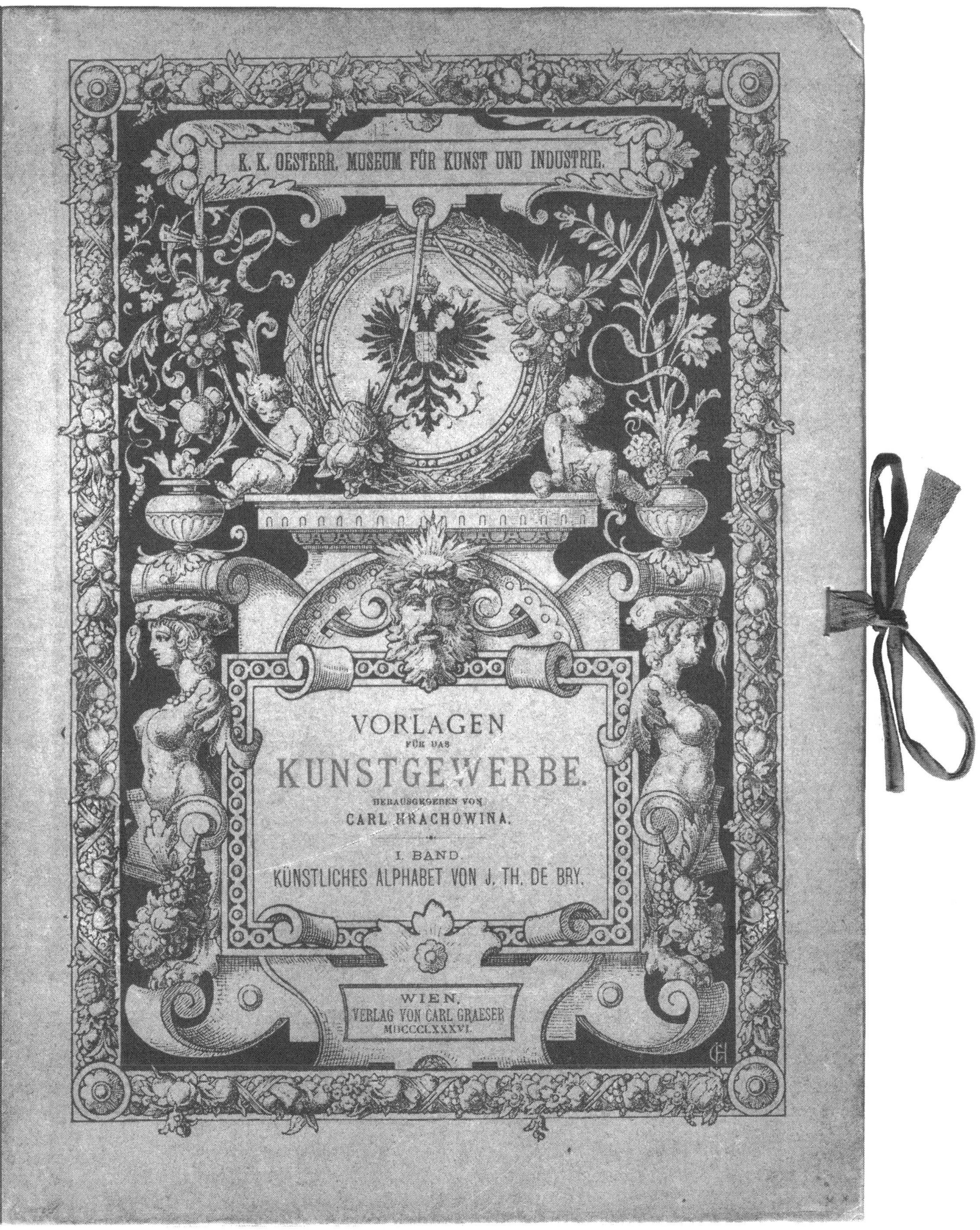

K. K. OESTERR. MUSEUM FÜR KUNST UND INDUSTRIE.

VORLAGEN
FÜR DAS
KUNSTGEWERBE.

HERAUSGEGEBEN VON
CARL HRACHOWINA.

I. BAND.

KÜNSTLICHES ALPHABET VON J. TH. DE BRY.

WIEN,
VERLAG VON CARL GRAESER.
MDCCCLXXXVI.

VORLAGEN

FÜR DAS

KUNSTGEWERBE.

___

HERAUSGEGEBEN

VON

CARL HRACHOWINA

PROFESSOR AN DER KUNSTGEWERBESCHULE DES K. K. ÖSTERR. MUSEUMS FÜR KUNST UND INDUSTRIE
IN WIEN.

I. BAND

KÜNSTLICHES ALPHABET VON J. TH. DE BRY.

IN 24 BLATT.

WIEN.

VERLAG VON CARL GRAESER.

MDCCCLXXXVI.

K. k. Hofbuchdruckerei Carl Fromme in Wien.

Johann Theodor de Bry, Sohn des gleichnamigen Künstlers, zu Lüttich 1561 geboren, war, wie sein Vater, Zeichner und Kupferstecher, lebte und wirkte in Frankfurt a/Main und starb daselbst 1623. Er und sein Bruder Israel leisteten ihrem Vater, der auch Buchhändler war, bei dessen grösseren publicistischen Werken wesentliche Dienste. Seine künstlerischen Arbeiten sind geistreicher und mit mehr Geschmack ausgeführt, als die seines Vaters; beide werden zu den sogenannten Kleinkünstlern gerechnet.

Johann Theodor de Bry leistete ebenso im Figuralen wie im Ornamentalen Hervorragendes. Ausser einem Stamm- und Wappenbüchlein, das er gestochen, und mehreren anderen Werken, gab er noch Alphabete heraus; unter anderen auch 1595 das in vorliegender Publication theils in Originalgrösse, theils verkleinert reproducirte, unter dem Titel:

NEIW Kunstliches Alphabet

gezirt mit schönen Figurn, deren Iede sich auff seinen Buchstaben accommodirt, artlich in Kupffergestochen, durch die Brye, Auch mit Lateinischen Versen vnd teutschen Reimen lustig beschrieben.

FR. ad MO^{c.} A^{o.} M.D.XCV.

Johann Theodor de Bry, son of the artist of the same name, was born in Liège in 1561. Like his father, he was a draughts-man and engraver, living and working in Frankfurt am Main, and died there in 1623. He and his brother Israel made a substantial contribution to the larger publishing projects of their father, who was also a bookseller. His work was more spirited and more refined than his father's; both are counted as minor artists.

Johann Theodor de Bry was exceptional both in figurative work and ornament. In addition to engraving a booklet of family trees and coats of arms and several other works, he also produced alphabets. In 1595 he published the present work, reproduced here partly in original size, partly reduced, under the title:

NEIW Kunstliches Alphabet
gezirt mit schönen Figurn, deren Iede sich auff seinem Buch-staben accommodirt, artlich in Kupffergestochen, durch die Bry, Auch mit Lateinischen Versen und teutschen Reimen lustig beschrieben.

FR. ad MOᶜ. Aᴼ. M.D.XCV.

HRACHOWINA: VORLAGEN FÜR DAS KUNSTGEWERBE.   ALPHABET VON J. TH. DE BRY. (XVI. JAHRHUNDERT.)

I. BAND.   1. BLATT.

VERLAG VON CARL GRAESER IN WIEN.

NIEDERLÄNDISCHE SCHULE.

HRACHOWINA: VORLAGEN FÜR DAS KUNSTGEWERBE.
I. BAND.

ALPHABET VON J. TH. DE BRY. (XVI. JAHRHUNDERT.)
2. BLATT.

VERLAG VON CARL GRAESER IN WIEN.

HRACHOWINA: VORLAGEN FÜR DAS KUNSTGEWERBE.   ALPHABET VON J. TH. DE BRY. (XVI. JAHRHUNDERT.)
I. BAND.   3. BLATT.

VERLAG VON CARL GRAESER IN WIEN.

HRACHOWINA: VORLAGEN FÜR DAS KUNSTGEWERBE.
I. BAND.

ALPHABET VON J. TH. DE BRY. (XVI. JAHRHUNDERT.)
4. BLATT.

VERLAG VON CARL GRAESER IN WIEN.

.I ʬ. BRY. fc.

HRACHOWINA: VORLAGEN FÜR DAS KUNSTGEWERBE.
I. BAND.

ALPHABET VON J. TH. DE BRY. (XVI. JAHRHUNDERT.)
5. BLATT.

VERLAG VON CARL GRAESER IN WIEN.

I. H. B. ft

HRACHOWINA: VORLAGEN FÜR DAS KUNSTGEWERBE.
I. BAND.

ALPHABET VON J. TH. DE BRY. (XVI. JAHRHUNDERT.)
6. BLATT.

VERLAG VON CARL GRAESER IN WIEN.

HRACHOWINA: VORLAGEN FÜR DAS KUNSTGEWERBE.
I. BAND.

ALPHABET VON J. TH. DE BRY. (XVI. JAHRHUNDERT.)
7. BLATT.

VERLAG VON CARL GRAESER IN WIEN.

I. Ħ. B. fc.

Hrachowina: Vorlagen für das Kunstgewerbe.
I. Band.

Alphabet von J. Th. de Bry. (XVI. Jahrhundert.)
8. Blatt.

Verlag von Carl Graeser in Wien.

I. E. B. fa

HRACHOWINA: VORLAGEN FÜR DAS KUNSTGEWERBE.
I. BAND.

ALPHABET VON J. TH. DE BRY. (XVI. JAHRHUNDERT.)
9. BLATT.

VERLAG VON CARL GRAESER IN WIEN.

HRACHOWINA: VORLAGEN FÜR DAS KUNSTGEWERBE.
I. BAND.

ALPHABET VON J. TH. DE BRY. (XVI. JAHRHUNDERT.)
10. BLATT.

VERLAG VON CARL GRAESER IN WIEN.

I. Đ. B. ft

HRACHOWINA: VORLAGEN FÜR DAS KUNSTGEWERBE.
I. BAND.

ALPHADET VON J. TH. DE BRY. (XVI. JAHRHUNDERT.)
12. BLATT.

VERLAG VON CARL GRAESER IN WIEN.

HRACHOWINA: VORLAGEN FÜR DAS KUNSTGEWERBE.
I. BAND.

ALPHABET VON J. TH. DE BRY. (XVI. JAHRHUNDERT.)
13. BLATT.

VERLAG VON CARL GRAESER IN WIEN.

HRACHOWINA: VORLAGEN FÜR DAS KUNSTGEWERBE.   ALPHABET VON J. TH. DE BRY. (XVI. JAHRHUNDERT.)
I. BAND.   14. BLATT.

VERLAG VON CARL GRAESER IN WIEN.

HRACHOWINA: VORLAGEN FÜR DAS KUNSTGEWERBE.
I. BAND.

ALPHABET VON J. TH. DE BRY. (XVI. JAHRHUNDERT)
15. BLATT.

VERLAG VON CARL GRAESER IN WIEN.

Hrachowina: Vorlagen für das Kunstgewerbe
I. Band.

Alphabet von J. Th. de Bry. (XVI. Jahrhundert.)
16. Blatt.

Verlag von Carl Graeser in Wien

HRACHOWINA: VORLAGEN FÜR DAS KUNSTGEWERBE.
I. BAND.

ALPHABET VON J. TH. DE BRY. (XVI. JAHRHUNDERT.)
17. BLATT.

VERLAG VON CARL GRAESER IN WIEN.

HRACHOWINA: VORLAGEN FÜR DAS KUNSTGEWERBE.   ALPHABET VON J. TH. DE BRY. (XVI. JAHRHUNDERT.)
I. BAND.   18. BLATT.

VERLAG VON CARL GRAESER IN WIEN.

HRACHOWINA: VORLAGEN FÜR DAS KUNSTGEWERBE.
I. BAND.

ALPHABET VON J. TH. DE BRY. (XVI. JAHRHUNDERT.)
19. BLATT.

VERLAG VON CARL GRAESER IN WIEN.

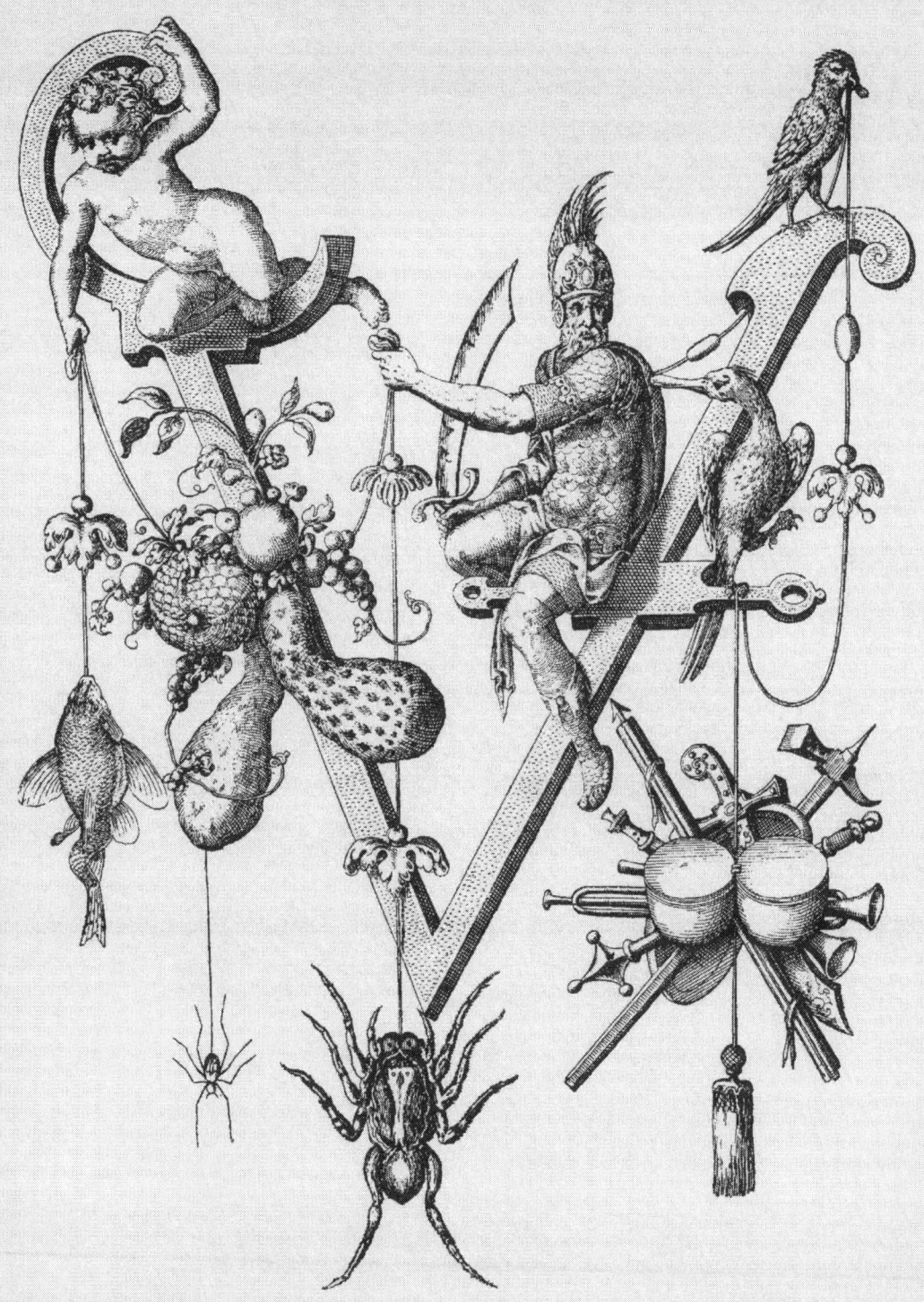

Hrachowina: Vorlagen für das Kunstgewerbe.
1. Band.

Alphabet von J. Th. de Bry. (xvi. Jahrhundert.)
20. Blatt.

Verlag von Carl Graeser in Wien.

HRACHOWINA: VORLAGEN FÜR DAS KUNSTGEWERBE.
I. BAND.

ALPHABET VON J. TH. DE BRY. (XVI. JAHRHUNDERT.)
21. BLATT.

VERLAG VON CARL GRAESER IN WIEN.

J.Ɖ.B.F.E

HRACHOWINA: VORLAGEN FÜR DAS KUNSTGEWERBE.
I. BAND.

ALPHABET VON J. TH. DE BRY. (XVI. JAHRHUNDERT.)
22. BLATT.

VERLAG VON CARL GRAESER IN WIEN.

HRACHOWINA: VORLAGEN FÜR DAS KUNSTGEWERBE.
I. BAND.

ALPHABET VON J. TH. DE BRY. (XVI. JAHRHUNDERT.)
23. BLATT.

VERLAG VON CARL GRAESER IN WIEN.

Hrachowina: Vorlagen für das Kunstgewerbe.
I. Band.

Alphabet von J. Th. de Bry. (XVI. Jahrhundert.)
24. Blatt.

Verlag von Carl Graeser in Wien.

VORLAGEN FÜR DAS KUNSTGEWERBE.

Herausgegeben von

PROF. CARL HRACHOWINA.

Mit vorstehenden Vorlagen sollen die mit viel Beifall aufgenommenen Publicationen desselben Herausgebers, wie das „Wappenbüchlein" (2. Auflage) und die „Initialen etc. verschiedener Kunstepochen", einerseits eine Ergänzung, vielmehr aber eine Vervollständigung erfahren. Es wird hierbei der Herausgeber sein besonderes Augenmerk auf die vorsichtige Auswahl von Objecten richten, die dem Kunstgewerbetreibenden sowie auch den Schulen eine Fülle von ornamentalem und figuralem Schmuck bieten, und glaubt der Verleger in dieser Richtung besonders auf den vorliegenden I. Band des Werkes hinweisen zu können, durch welchen zugleich den zahlreichen Wünschen nach dem in seiner Vollständigkeit sehr seltenen de Bry'schen Alphabet entsprochen wird.

Die späteren Bände der „Vorlagen für das Kunstgewerbe" werden in gleicher Ausstattung eine Reihe von Aufnahmen und Copien alter berühmter Meister enthalten, die als mustergiltige Vorbilder dienen können, und es sind zunächst ausser diesen Ornamenten, auch Wappen, Cartouchen und namentlich Gefässe verschiedener Perioden in geschichtlicher Reihenfolge, und zwar mit Rücksicht auf Form und Decoration zur Veröffentlichung bestimmt.

Mögen diese Vorlagen, auf deren Wiedergabe alle Sorgfalt verwendet werden wird, den verschiedenen Schulen und allen Jenen, welche mit dem Kunstgewerbe in Fühlung stehen, von Nutzen sein.

Wien, im April 1886.

Carl Graeser
Verlagsbuchhändler.

Made in the USA
Middletown, DE
26 July 2017